Étude de la langue grecque

INSTRUCTION PUBLIQUE.

ACADÉMIE DE STRASBOURG.

THÈSE

DE LITTÉRATURE ANCIENNE ET MODERNE, SUR L'ÉTUDE DE LA LANGUE GRECQUE :

PRÉSENTÉE ET SOUTENUE

A LA FACULTÉ DES LETTRES DE STRASBOURG

Le 19 Août 1817, à onze heures du matin,

POUR OBTENIR LE GRADE DE DOCTEUR ÈS LETTRES

PAR

NICOLAS-CHARLES SOULLIÉ,

DE STRASBOURG (BAS-RHIN),

Professeur au Collége royal de la même ville, Licencié ès lettres, Associé correspondant de l'Acad. des sciences, arts et belles-lettres de Caen.

STRASBOURG,

De l'imprimerie de LEVRAULT, imprimeur de l'Académie.

1817.

DE L'ÉTUDE

DE LA LANGUE GRECQUE.

Exemplaria græca
Nocturnâ versate manu, versate diurnâ.
HOR.

TOUT le monde est d'accord sur la nécessité de l'étude de la langue latine. On n'en peut pas dire autant de l'étude du grec. Sans nous arrêter ici à examiner quelles peuvent être les causes de cette espèce de préjugé, ou plutôt de prévention injuste, qui règne encore en France, et dont se plaignait déjà le sage et bon ROLLIN, contre la plus riche, la plus harmonieuse, la plus belle des langues, nous allons tâcher de faire voir que l'étude de la langue grecque n'offre pas plus de difficulté à la jeunesse que celle de la langue latine; que ces deux langues doivent être regardées comme inséparablement unies entre elles, l'une étant presque entièrement dérivée de l'autre; enfin, que la connaissance de la langue grecque présente aux jeunes gens de précieux avantages et une utilité au moins aussi grande que celle qu'ils peuvent tirer de la langue latine, pour remplir un jour avec succès les devoirs de leur état, quelle que soit la carrière qu'ils aient à parcourir. Telle est la division qui nous a paru la plus propre à développer avec précision et clarté presque tous les raisonnemens solides que l'on peut réunir en faveur de l'étude de la langue grecque, et à embrasser l'ensemble des preuves que l'on peut opposer aux allégations de la paresse, aux erreurs de l'ignorance, et aux sophismes de la mauvaise foi ou de la vanité, qui, trop souvent, parce qu'elle ne les possède pas, feint de dédaigner les choses mêmes les plus utiles.

A sermone græco puerum incipere malo : J'aime mieux que l'enfant commence par la langue grecque, dit QUINTILIEN [1]; un peu plus loin il discute la question de savoir à quel âge il est bon de commencer à appliquer les enfans à l'étude des langues, et il finit par se ranger du sentiment de ceux qui fixent cette époque à l'âge de sept ans à peu près, ou même à un âge encore plus tendre. Pourquoi, dit-il, ne pas les former à cette étude à l'âge où l'on forme leur caractère? Bien entendu qu'il suppose tous les soins, toutes les précautions qu'il faut prendre, pour que l'enfant ne commence pas par haïr ce qu'il ne peut pas encore aimer. Voilà donc à Rome les enfans de sept ans mis à l'étude de la langue grecque, et cela sur l'autorité d'un homme dont il ne faut que citer le nom pour donner l'idée d'un maître accompli dans l'art d'instruire et de diriger la jeunesse, d'un homme que notre ROLLIN n'hésite pas à mettre au-dessus d'ARISTOTE et de CICÉRON, pour ce qui concerne l'ordre et la méthode qui sont nécessaires dans l'enseignement des lettres [2]. Le grec, me dira-t-on, était pour les Romains ce qu'est pour nous le latin. Rien de plus vrai, et ceci prouve seulement que les Latins savaient fort bien que la connaissance de la langue grecque leur était indispensable pour acquérir celle de leur propre langue. Car, qu'est-ce qui empêchait QUINTILIEN de préférer, pour les commençans, l'étude de la langue latine, si toutefois, comme quelques-uns affectent de le

---

1 *Instit. orator. lib. I, cap. 2.*

2 Préf. de son édit. de QUINTILIEN, pag. 6.

répéter aujourd'hui, l'étude de la langue grecque présentait de si grandes difficultés? et, d'ailleurs, ne sait-on pas que, pour des enfans qui commencent, toutes les langues possibles, anciennes ou modernes, sont à peu près aussi difficiles l'une que l'autre, lorsqu'il s'agit de les apprendre par principes? Je dirai plus, et j'oserai affirmer que, de toutes les langues connues, la langue grecque est celle dont la grammaire est la plus simple, parce qu'elle est la seule qui se réduise presque tout entière aux déclinaisons et à la conjugaison. Sa syntaxe, en effet, se borne à peu près à l'explication d'un certain nombre d'hellénismes, qui ne sont, pour la plupart, que des ellipses plus ou moins fortes, qu'un peu de réflexion et beaucoup d'usage apprendront, mieux que tout autre moyen, à connaître et à entendre parfaitement. Quant aux déclinaisons, il n'y en a que trois, qui répondent aux trois premières des Latins, comme l'a très-bien fait voir M. Burnouf, dans son excellente *Méthode pour étudier la langue grecque*, ouvrage à la fois élémentaire et complet. L'usage d'un article différent pour les différens genres, facilite encore à des Français l'étude de ces premiers élémens de la langue grecque.

La conjugaison, j'en conviens, exige une attention plus forte et plus suivie; mais aussi tout est là. On pourrait la regarder, en quelque sorte (qu'on nous passe la comparaison), comme une machine à la vérité vaste et compliquée, mais dont tous les rouages s'engrèneraient si bien les uns dans les autres, dont toutes les parties, occupant chacune une place bien distincte, seraient à la fois si ingénieusement et si simplement ajustées et liées entre elles, qu'il serait facile d'en saisir tout l'ensemble, pourvu que l'on ait commencé par en bien connaître tous les détails, après les avoir pris et étudiés chacun séparément. Et si, d'un côté, la conjugaison grecque demande à l'élève un peu plus d'attention et d'efforts que la conjugaison latine, à cause du grand nombre de ses modes et de ses temps, de l'autre il faut considérer qu'il la connaîtra tout entière, dès qu'il saura imperturbablement l'*actif*, le passif et le moyen d'un seul verbe grec, tandis qu'en latin il faut qu'il en apprenne quatre. Car il serait peu exact de faire une conjugaison à part des verbes en $\mu\iota$, puisqu'elle ne diffère de la conjugaison régulière que dans trois temps ; et quelle est la langue qui n'ait pas ses irrégularités particulières, surtout pour ce qui concerne les verbes? Mais il faut toujours, du moins en grec, ramener ces irrégularités, quelque singulières qu'elles puissent paraître, à la conjugaison primitive et régulière à laquelle elles appartiennent, en rétablissant leurs thèmes ou racines, qui sont ou peu usitées ou tout-à-fait tombées en désuétude, et d'où elles dérivent directement et régulièrement. C'est un moyen sûr et facile de retenir des mots dont la bizarrerie apparente pourrait effrayer, au premier abord, la mémoire la plus heureuse. L'usage, d'ailleurs, aidera d'autant plus en ceci, qu'en grec, comme dans toutes les langues, ce sont bien souvent les mots les plus irréguliers qui servent à exprimer les idées les plus simples et les plus communes; ce qui explique leur fréquent retour dans tous les genres de style, et ce qui montre la nécessité de se familiariser, le plus tôt possible, avec ces sortes d'expressions, qui, au reste, ne sont pas plus nombreuses en grec que dans toute autre langue. On pourrait même presque affirmer, qu'à cet égard les langues anciennes ou modernes, à quelque époque et à quelque nation qu'elles appartiennent, n'ont rien à se reprocher l'une à l'autre. Elles ont toutes leurs irrégularités, leurs bizarreries particulières, en général plus fréquentes dans les langues anciennes pour ce qui concerne les locutions, tournures et constructions, et dans les langues modernes pour ce qui regarde les mots pris séparément.

Les dialectes, il est vrai, présentent dans la langue grecque un genre de difficultés propre à cette langue. Mais d'abord il serait absurde de vouloir obliger des commençans à les étudier; et, plus tard, lorsque les élèves auront appris le grec le plus pur (*credant-*

que atticè dicere, esse optimum dicere, dit QUINTILIEN[1]) dans les auteurs qu'on leur met les premiers entre les mains, et qui n'ont écrit que dans le dialecte attique, il leur sera facile de se familiariser avec le dialecte dorien, dont l'éolien n'est qu'une branche, en lisant avec attention trois ou quatre pages de THÉOCRITE ou de PINDARE, et avec l'ionien dans ANACRÉON ou dans HÉRODOTE, dont nous avons maintenant une édition si complète et si précieuse, grâce aux travaux et au zèle infatigable du patriarche de la littérature grecque. Enfin, comme on les trouve tous quatre réunis dans HOMÈRE, que l'on doit pouvoir mettre entre les mains d'un élève d'une application et d'une intelligence ordinaires, après deux années d'étude environ, une lecture attentive de quelques-uns des chants du père de la poésie achèvera de faire connaître à fond, non-seulement ces dialectes, mais encore un foule d'expressions de forme primitive ou poétique, dont il eût été superflu de s'occuper auparavant.

Il y a des personnes qui croient trouver une autre difficulté pour les élèves qui commencent l'étude du grec, dans la forme des caractères de cette langue. A peine une pareille objection mérite-t-elle qu'on y réponde, puisqu'il suffit de trois ou quatre heures d'attention pour lever cette espèce d'obstacle. Nous sommes même portés à croire que ces caractères, nouveaux pour le commençant, doivent, en l'obligeant à redoubler d'attention, au moins dans les premiers temps, hâter encore ses progrès, parce qu'il est forcé de s'arrêter et de réfléchir plus long-temps sur les mots, dont la forme et le sens se gravent nécessairement alors plus avant dans sa mémoire.

Une des principales causes qui doivent faciliter à de jeunes Français l'étude des auteurs grecs, c'est qu'on y trouve un grand nombre de tournures ou façons de parler à la fois grecques et

---

1 *Inst. orat. lib. XII, cap.* 10.

françaises, et qui souvent n'appartiennent qu'à ces deux langues. Le célèbre H. ÉTIENNE est celui qui a le mieux fait voir combien étaient frappantes l'analogie et la conformité qui existent entre la langue grecque et la nôtre. Les colonies grecques qui vinrent s'établir sur les côtes méridionales de la France, les rapports intimes qui existent entre notre langue et celle des Latins, formée en très-grande partie de la langue grecque, et peut-être les traits de ressemblance qu'on trouve entre les caractères des deux peuples, nous paraissent être les principales causes de cette conformité, facile à reconnaître pour quiconque possède les deux langues.

Enfin, si l'on veut faire attention que, malgré l'étonnante richesse et la prodigieuse flexibilité de la langue grecque, elle ne renferme cependant pas autant de mots radicaux que bien d'autres langues, parce qu'elle tire ses plus grandes ressources de l'art avec lequel elle se multiplie et se renouvelle en quelque sorte presqu'à l'infini par le moyen de la dérivation et de la composition des mots; on concevra comment l'étude de cette langue doit exiger moins de temps et de peine qu'une autre, où les mots racines, beaucoup plus nombreux, ne sont pas susceptibles, comme en grec, de prendre tour à tour, pour ainsi dire, mille nuances diverses, toujours faciles à reconnaître pour peu qu'on se rappelle le sens des radicaux.

Nous terminerons cette partie de notre thèse par des preuves de fait. L'expérience a démontré et démontre tous les jours, depuis que l'Université de France a remis en honneur la langue de DÉMOSTHÈNE et d'HOMÈRE, qu'il ne faut pas aux élèves des colléges autant d'années pour pouvoir lire avec fruit quelque auteur grec, que pour entendre aussi parfaitement un auteur latin de la même classe. Et, cependant, la langue grecque ne passe qu'après les langues française et latine, qui forment, avec l'enseignement de de la géographie et de l'histoire, la base de l'instruction que les jeunes gens reçoivent dans ces établissemens, où ils s'occupent, dans un âge un peu plus avancé, de l'étude des mathématiques, des sciences naturelles et de la philosophie. Si donc, à côté de ces différentes parties essentielles de l'enseignement, ils apprennent encore à profiter de la lecture d'ÉSOPE, de S. LUC, de LUCIEN, d'ISOCRATE, de PLUTARQUE, de XÉNOPHON, de DÉMOSTHÈNE et d'HOMÈRE, j'en conclus que l'étude du grec est une des plus faciles pour la jeunesse. Malheureusement il arrive trop souvent qu'au sortir de leurs études préliminaires, au moment même où la connaissance un peu plus approfondie des langues anciennes, et surtout de la langue grecque, leur serait de la plus grande utilité, les jeunes gens négligent d'achever de se perfectionner dans ces langues, dont ils n'ont pu jusqu'alors qu'entrevoir les immenses richesses.

Voyons maintenant quels rapports de liaison et de ressemblance unissent la langue latine à la langue grecque; et, pour commencer par les premiers élémens de l'écriture et du langage, remarquons que la plupart des lettres de l'alphabet latin sont tirées de l'alphabet grec, dont l'origine incertaine se perd dans la nuit des temps et dans les ténèbres de la fable. Mais, si nous ne savons rien de positif sur la première enfance de la langue grecque, les plus anciens ouvrages que nous possédons dans cette langue étant presque tous des chef-d'œuvres de poésie, nous pouvons du moins suivre la marche et les progrès de la langue latine, pour ainsi dire, depuis sa naissance jusqu'à son entier développement, et voir comment elle s'est modelée sur la langue d'HÉSIODE et d'HOMÈRE. Lorsque QUINTILIEN préfère que les enfans commencent par l'étude du grec, il en donne une raison péremptoire, en disant : *Disciplinis græcis priùs instituendus est (puer) undè et nostræ fluxerunt*[1]. En effet, l'histoire nous fournit des preuves sans nombre, que les Grecs furent en tout les maîtres des Romains. Et, depuis

---

1 *Inst. orat. lib. I, cap. 2.*

l'an de Rome 300, que le sénat, convaincu de la nécessité de donner de bonnes lois à la république, envoya des députés chez les originaires de Grèce établis en Italie, et chez les Athéniens eux-mêmes, pour y étudier la législation de ce peuple, jusqu'aux temps où CICÉRON, comme presque toute la jeunesse distinguée de Rome, passait en Grèce pour y achever ses études et poser les fondemens de cette gloire dont il fut toujours avide et qui a immortalisé son nom, on rencontre une multitude de faits qui attestent que la Grèce fut l'école des Romains, et que c'est à elle que l'Italie a été redevable de ce caractère de perfection imprimé aux chef-d'œuvres en tout genre qu'elle a vus naître, et qui ne sont, pour la plupart, qu'une habile imitation des chef-d'œuvres, bien plus parfaits encore, des plus beaux génies de la Grèce. Presque toutes les productions qui ont illustré le beau siècle d'Auguste, en offrent une preuve évidente. Cette vérité s'applique non-seulement aux productions littéraires, mais encore à tout ce que les beaux arts ont pu enfanter de plus sublime chez les deux peuples. Et remarquons encore que les modèles, je veux dire les chef-d'œuvres des Grecs, ont tous conservé cet air d'originalité qui prouve le mérite de l'invention. Aussi la langue de ce peuple favorisé de la nature porte à la fois un caractère de simplicité et d'indépendance qu'on chercherait en vain dans toute autre. Le génie de la langue latine porte aussi, je le sais, ce caractère de hardiesse qui est propre à toutes les langues à inversions; mais combien il est éloigné de cette flexibilité étonnante, de cette simplicité, tantôt sublime et tantôt presque enfantine, de ces formes pittoresques et audacieuses, mais toujours naturelles, qu'on retrouve, pour ainsi dire, à chaque page de PINDARE, d'ESCHYLE ou d'HOMÈRE: car, qu'on ne s'y trompe pas, les figures même les plus hardies, les ellipses les plus fortes, peuvent bien être quelquefois l'ouvrage du travail et de la réflexion, parce que c'est à force d'art que l'art disparaît, pour ne laisser paraître que le naturel; mais elles sont toujours prises dans la nature, dont le langage est essentiellement ennemi des entraves et des chaînes qu'imposent les rigoureuses lois de la grammaire, surtout quand c'est la passion qui parle.

On n'est plus étonné de la différence qui existe entre le génie des deux langues, lorsqu'on pense à quelles époques et sous l'influence de quels siècles l'une et l'autre se formèrent. HOMÈRE vivait dans un siècle à demi barbare : il se créait un style riche, varié, sublime, comme la nature, son unique modèle, et répétait, en les chantant, ces poëmes, éternel objet de l'admiration des hommes avant que l'art de l'écriture même fût connu chez les Grecs. Nous pouvons donc considérer leur langue comme ayant paru, pour ainsi dire, toute formée en naissant; ce qui lui valut l'avantage unique de joindre, si j'ose m'exprimer ainsi, à la souplesse et aux grâces naïves de l'enfance l'énergie et la vigueur de la maturité. C'est pour cela que la poésie d'HOMÈRE, surtout, peint tour à tour, avec la même vérité, et les images les plus simples que puisse offrir la vie commune, et les plus sublimes tableaux que puisse créer l'enthousiasme de la passion.

La langue latine, au contraire, n'atteignit toute sa perfection que sous l'influence d'un siècle et d'une cour que distinguaient leur politesse et leur urbanité. Et c'est encore aux Grecs qu'elle a été redevable de la délicatesse et de l'élégance dont elle se montra susceptible, lorsque l'ingénieux TÉRENCE lui fit dépouiller son antique rudesse pour ces formes naïves et spirituelles qu'il sut emprunter à MÉNANDRE, à qui, cependant, il fut loin de dérober tout le charme de son style, tout l'esprit, toutes les grâces de son inimitable atticisme : *Illam solis concessam Atticis venerem*, dit QUINTILIEN.[1]

Et quelle autre gloire pouvaient ambitionner même les plus

1 *Inst. orat. lib.* X, *cap.* 1.

célèbres auteurs latins, que celle de faire d'heureuses conquêtes dans le vaste champ qu'avaient ouvert à l'esprit humain les plus beaux génies de la Grèce en portant à un si haut degré de perfection les sciences, la philosophie, l'histoire, l'éloquence, la poésie, enfin, tous les beaux arts :

Graiis ingenium, Graiis dedit ore rotundo
Musa loqui, præter laudem nullius avaris.

Il nous reste à montrer, et c'est la partie la plus facile de notre Essai sur l'étude de la langue grecque, que le nombre et le mérite des ouvrages écrits dans cette langue offrent à l'esprit de celui qui la possède un fonds inépuisable de jouissances pures et de trésors variés.

Et, d'abord, jetons un coup d'œil rapide sur les causes premières qui ont pu contribuer à faire de la langue grecque la plus belle des langues que les hommes aient jamais parlée. La position géographique de la Grèce, située entre l'Afrique, l'Europe et l'Asie; le voisinage de l'Égypte, où les prêtres conservaient le dépôt de presque toutes les connaissances humaines; la douceur du climat; la sérénité constante d'un ciel éclairé par un soleil dont l'éclat est vif et les feux tempérés; le spectacle mouvant et pittoresque d'une mer parsemée d'îles sans cesse rajeunies par un printemps éternel; la disposition d'un sol qui offre à l'œil les aspects les plus variés; toutes ces causes réunies, et une foule d'autres circonstances qu'il serait trop long de rapporter ici, ont dû nécessairement exercer une influence puissante sur le caractère, sur la politique et, enfin, sur la langue des habitans de la Grèce. Et il était impossible que cette langue ne suivît pas les progrès étonnans de l'esprit humain chez un peuple naturellement sensible, passionné pour la gloire et créateur du beau idéal dans les arts. Aussi les Grecs ont-ils servi de guides aux Latins pour tout ce qui est du domaine de l'esprit humain. Et quoi de plus utile que de connaître une langue qui fournit les moyens de puiser à leur source des règles, des préceptes et des exemples pour toutes les professions libérales, pour tous les états, pour toutes les conditions de la vie humaine? On sent que les bornes imposées à ce genre d'écrit ne nous permettent d'indiquer que les ouvrages qui peuvent être de l'utilité la plus directe et la plus positive aux jeunes gens qui entrent dans les principales carrières ouvertes à leurs talens, à leurs intérêts, à leur amour du bien public. Ceux, d'abord, qui, se destinant au barreau, font une étude particulière et approfondie de l'éloquence, où trouveront-ils de plus parfaits modèles à méditer que les discours de DÉMOSTHÈNE, ces immortels monumens de l'art de persuader et de convaincre? Qu'ils consultent CICÉRON lui-même, qui ne devint le digne émule du plus grand des orateurs qu'en se formant à son école; ils y verront ces mots bien expressifs dans la bouche d'un rival : *Planè quidem perfectum, et cui nihil admodùm desit, Demosthenem facilè dixeris. Nihil acutè inveniri potuit in eis causis, quas scripsit, nihil (ut ita dicam) subdolè, nihil versutè, quod ille non viderit : nihil subtiliter dici, nihil pressè, nihil enucleatè, quo fieri possit aliquid limatius : nihil contrà grande, nihil incitatum, nihil ornatum vel verborum gravitate, vel sententiarum, quò quidquam esset elatius.*[1]

Le barreau, dira-t-on peut-être, n'est plus aujourd'hui la tribune des anciens, où d'autres matières se traitaient suivant d'autres principes. Oui ; mais l'éloquence, chez les anciens comme chez les modernes, est toujours l'art de convaincre et de persuader : le but et les moyens sont les mêmes. Et, certes, pour se perfection-

---

1 *De clar. orator. cap.* 9.

ner dans un art quelconque, l'étude des modèles vaut bien celle des préceptes.

Ceux qui se livrent à l'étude de la médecine, quels avantages ne trouveront-ils pas à posséder une langue dont la connaissance leur indiquera, au premier coup d'œil, le sens et l'acception propre de cette foule de termes qui forment en quelque sorte le langage de l'art de guérir? La physique, la chimie, la botanique, si nécessaires à celui qui veut devenir médecin, n'est-ce point du grec qu'elles ont tiré ces nomenclatures savantes, à l'aide desquelles on a fait régner l'ordre et la méthode dans toutes les parties dont se composent ces différentes sciences, pour que l'esprit puisse les embrasser, pour ainsi dire, tout entières d'un coup d'œil? La langue est le véhicule de la science : le grec est la langue universelle de toutes les sciences; il est donc indispensable pour celui qui veut approfondir une science quelconque, de savoir le grec.

Et, d'ailleurs, le jeune médecin ne devrait-il pas connaître cette langue, quand ce ne serait que pour n'être pas réduit à lire dans une traduction les écrits si précieux du père de la médecine, de cet Hippocrate que son génie conduisit à faire, dans l'art de soulager les maux de l'humanité souffrante, cette révolution heureuse, par laquelle on apprit enfin comment l'observation et l'expérience devaient éclairer le raisonnement, comment la pratique devait rectifier la théorie? Quels fruits il retirera surtout de ses méditations sur cet ouvrage où Hippocrate a si bien tracé les principes et les vertus qui doivent guider le médecin dans l'exercice de ses fonctions, et où sa belle ame et ses rares talens se montrent tout entiers?

Mais c'est principalement à la jeunesse qui se voue au ministère sacré des autels, que la connaissance de la langue grecque nous paraît tout-à-fait indispensable; car, enfin, le moyen de bien entendre les divins ouvrages où nous trouvons le fondement et la preuve de notre religion, si l'on est forcé d'avoir recours à la traduction latine, au lieu de les lire dans l'original? On sait assez que plusieurs passages de la Vulgate sont inintelligibles pour quiconque n'est pas en état de les comparer avec le texte grec, et l'on n'ignore pas non plus que tout le Nouveau Testament, excepté, peut-être, l'évangile de S. Mathieu et l'épître de S. Paul aux Hébreux, que l'on croit avoir été écrits en hébreux, mais dont le texte est perdu, a été composé en langue grecque. Comment donc admettre que l'on puisse connaître à fond la doctrine chrétienne sans connaître aussi la langue dans laquelle ont écrit les saints Évangélistes?

Et les Pères de l'Église grecque, les S. Chrysostome, les S. Basile, les S. Grégoire de Nazianze : quelle source féconde de grandes pensées, d'images sublimes, de sentimens profondément religieux ils ouvrent à l'orateur chrétien! que d'éloquence! que de vertus! que de services rendus à la religion chrétienne par ces illustres docteurs de l'Église! Comme ils inspirent, comme ils font aimer cette morale sublime qu'ils prêchent au nom de l'humanité, au nom de notre sainte religion, et qu'elle est imposante, la voix du génie inspiré par le Tout-puissant! Jamais on n'a fait un plus bel éloge de notre grand Bossuet, qu'en l'appelant le dernier des S. Pères.

Pour mieux sentir encore combien il est important de bien savoir le grec pour des ecclésiastiques que leurs fonctions peuvent appeler à expliquer ou à décider un point de doctrine quelconque, qu'on se rappelle les débats qui agitèrent le premier concile de Francfort, tenu en 794, et appelé par quelques-uns le concile d'occident, parce que les évêques de la Germanie, des Gaules et de la plus grande partie de l'Italie s'y trouvèrent. Il ne s'agissait cependant, pour s'accorder dans cette fameuse discussion sur la manière d'honorer les images, où l'on attaqua si vivement le second concile de Nicée, que d'entendre la différence de signification des mots προσκυνεῖν et λατρεύειν. Et, comme le dit Rollin, dans son article, sur l'utilité et la nécessité de l'étude de la langue grecque, « ce premier mot n'aurait pas tant révolté les « évêques des Gaules et d'Allemagne, si, dans ces siècles d'igno- « rance, la langue grecque eût été plus connue, et si l'on avait été « en état de lire les actes de ce concile de Nicée dans la langue « originale. »

Cependant on trouve encore des personnes qui s'imaginent avoir prouvé l'inutilité de la langue grecque, en vous disant qu'il y a des *traductions*. Je ne vois, dans une pareille allégation, qu'une seule chose bien claire, c'est que ces personnes-là ne jugent pas mieux des traductions que des ouvrages grecs dont elles veulent parler; autrement elles sauraient qu'il n'existe qu'un très-petit nombre de bonnes traductions du grec en français; que toutes les autres sont infidèles, mal écrites, remplies de contre-sens, et que c'est une bien triste ressource que celle d'étudier des copies, faute de connaître les originaux.

Nous pourrions ajouter ici que la langue grecque serait utile même au *commerçant*, même à *l'homme de guerre*; au premier, à cause des relations qu'il peut avoir avec les pays où l'on parle le grec moderne; au second, à cause des chef-d'œuvres que nous ont laissés les Polybe, les Xénophon, qui ont conduit de grandes expéditions militaires avec autant de sagesse et de courage qu'ils ont montré de génie en les racontant. Mais il suffira de faire observer que c'est à l'étude et à la connaissance approfondies des langues anciennes que nos auteurs français les plus célèbres doivent cette supériorité désespérante, qui souvent les a élevés à la hauteur de leurs modèles, et quelquefois au-dessus. Notre grand Racine, par exemple, comment a-t-il pu élever la tragédie française au-dessus de tout ce qu'il y a de plus parfait dans ce genre de poëme chez les anciens et chez les modernes ? Par la force de son génie, me dira-t-on peut-être. Oui, sans doute ; mais le génie abandonné à lui-même ne saurait marcher que d'un pas inégal, et RACINE, dans plusieurs de ses tragédies, n'a rien que de beau, de sublime, d'admirable : c'est qu'il se forma de bonne heure le goût et le jugement par le travail et la réflexion ; c'est qu'il sut de bonne heure distinguer les vrais modèles, et deviner le chemin de la gloire. Dès sa première jeunesse il faisait ses délices de la lecture des tragiques grecs. Souvent, un EURIPIDE à la main, il allait s'enfoncer dans la solitude des bois, pour y goûter les plaisirs de l'étude et de la méditation.

Il en est de même de tous nos classiques français. A force de méditer les chef-d'œuvres de l'antiquité, ceux surtout que leur offrait la littérature grecque, ils sont parvenus à vaincre la timidité naturelle de notre langue, pour lui prêter, et la variété des tours, et la vivacité des images, et la hardiesse des figures, qui caractérisent les langues anciennes, sans lui rien faire perdre de cette clarté, de cette élégance, de cette pureté qui lui sont propres. C'est, en effet, en se livrant à l'exercice de la traduction, comme à une espèce de lutte propre à former le style, et en essayant d'imiter, quelquefois avec hardiesse, souvent avec précaution et mesure, la manière de s'exprimer particulière aux langues à inversions, qu'on peut trouver le secret de transporter une partie de leurs richesses dans la langue française. Et, comme la langue grecque est sans contredit la plus riche de toutes en chef-d'œuvres littéraires, malgré tout ce que nous en avons perdu par l'éloignement des temps et par les conquêtes des barbares, c'est elle, aussi, qui mérite d'être étudiée avec le plus de soin par tous ceux qui veulent apprendre à manier leur propre langue. Au reste, je ne saurais mieux terminer ce faible essai sur l'étude de la langue grecque qu'en répétant les paroles qu'adressait, dans une circonstance solennelle, à la jeunesse studieuse de la capitale, un orateur illustré par plus d'un titre à la gloire : « Les lettres grecques et latines, source de « toute bonne instruction, reprennent leurs premiers honneurs..... « On n'oubliera point que la première utilité des langues an- « ciennes est d'apprendre à mieux écrire dans sa langue mater- « nelle. En formant votre goût sur celui des grands modèles « d'Athènes et de Rome, on ne veut point faire de vous, jeunes « élèves, des Grecs et des Romains. Restez Français ; c'est un « assez bel avantage.[1]

[1] M. DE FONTANES.

FIN.

www.ingramcontent.com/pod-product-compliance
Ingram Content Group UK Ltd.
Pitfield, Milton Keynes, MK11 3LW, UK
UKHW012312240726
13966UKWH00005B/1813

9 782011 906014